A Jornada da Vidente

O Caminho para a Iluminação

Almine

Publicado por Spiritual Journeys LLC
Por Spiritual Journeys Limited, Asia

Direitos autorais 2009 MAB 998 Megatrust

De Almine
Spiritual Journeys LLC
P.O. Box 300
Newport, Oregon 97365
www.spiritualjourneys.com
1-877-552-5646

Artistas gráficos
Josh Lawrence
Eva Pulnicki

Traduzido por Ronni Naggar
Capa por Paul Downes

ISBN 978-1-936926-22-0 Livro brochado
ISBN 978-1-936926-23-7 Adobe Reader

Sumário

"Que experiência inestimável, ser capaz de capturar um vislumbre de uma das vidas mais excepcionais do nosso tempo. Este livro terá sem dúvida uma marca indelével."

—Embaixador Armen Sarkissian,
ex-primeiro ministro da República da Armênia,
astrofísico na Universidade de Cambridge
no Reino Unido.

Sobre a autora

Almine é uma mística, curandeira e professora, que durante anos viajou por muitos países, fortalecendo milhares de pessoas com os seus ensinamentos, ajudando-as a melhor apreender conceitos metafísicos avançados. A sua humildade e altruísmo levaram a que milagres se tenham realizado.

Durante a sua vida, enriquecida pelo místico e sagrado, teve encontros com muitos dos Mestres da luz, que mantêm memória completa dos idiomas dos anciões, tanto na sua forma escrita como falada.

Seus ensinamentos estão centrados na idéia de que não é só possível viver uma vida de mestria e amor, mas que é o direito inerente a todos os seres humanos atingir tais níveis de perfeição. Sua jornada tem levado Almine a aprender a viver no nível físico, e ao mesmo tempo manter o equilíbrio sensível entre o permanecer consciente em si própria, e o estar inteiramente expandida.

"Quando vivemos no momento, vivemos no lugar de poder, alinhados com o tempo eterno e com a intenção do Infinito. A nossa vontade se funde com a vontade Divina."

—Almine

A jornada da vidente

Longa e apaixonada tem sido a minha jornada para apreender o significado da vida. Busquei-o em comunhão com a natureza, jejuando no deserto e em montanhas elevadas. Procurei-o nos olhos tanto do sábio como do tolo, mas neles encontrei apenas imagens de mim mesma.

Minha busca trouxe-me muitas respostas, mas as perguntas nunca cessaram. Todos os caminhos me levaram em círculos, sempre voltando para mim mesma. Deitada debaixo de cobertores nas montanhas (do estado americano) de Montana, eu via que todas as estrelas giram ao ritmo da roda da noite, exceto a Estrela do Norte — imóvel e serena em seu trono celestial.

Então, como muitos antes de mim, compenetrei a quietude interior e a minha voz mental cheia de perguntas se silenciou. Os rios fluíram dentro de mim. Eu era o vento e os cavalos selvagens que corriam pelas campinas. O êxtase era profundo e engolia qualquer desejo. Eu não conhecia limites. Risadas sussurravam dentro das minhas células. Experimentava êxtase divino como se saboreia mel no palato.

Mas no fundo da languidez da minha expansão, uma pergunta ecoava na minha alma: o sonho tinha deixado a mente do sonhador, mas agora não teria o sonhador entrado no sonho? Eu tinha aquietado como a Estrela do Norte, mas também tinha expandido para incluir esse movimento dentro de mim.

Mais uma vez enquanto deitada na minha cama e observando toda a vida em movimento no meu interior, ouvi um leve sussurro: a vida é uma viagem, não um acampamento. Da mesma maneira como as massas vivem obsecadas por ponto de vista restrito, o sábio se apega à beatitude com que incarna todas as coisas.

Em sua busca a vidente vai aumentando o seu poder através da sua percepção, ascendendo sempre mais. Para o mestre iluminado que não procura mais compreender, o poder pessoal lhe escapa por entre os dedos, como um punhado de areia.

A viagem espiralada da vidente, a expansividade nivelada do sábio — encontrar e viver nesse interstício constituía para mim a fase seguinte. Memórias da infância e risos ressurgiram. A aventura do desconhecido e de horizontes distantes que despontam, foi renovada.

Porém, a criança não pode voltar ao útero e tãopouco o rio pode voltar à sua fonte. Reingressando no drama da condição humana e novamente desempenhando a minha parte, eu sabia que, embora o jogo tivesse valor, eu não era a atriz desempenhando o papel.

Como uma águia que sobrevoa o mundo conseguia ter uma visão plena da vida e, ao mesmo tempo, enxergar como o caracol. Eu vivia no olho do furacão, em repouso dentro da atividade. Uma inquietação divina levoume adiante. Sabia que haveria adiante mais perguntas ainda não respondidas, coisas ainda não vistas.

Tudo o que existia na vida cósmica, vivia dentro do meu ser também. Todas as revelações nos reinos da forma já haviam sido vistas.

Como os trilhos sinuosos que eu tinha percorrido na Terra, eu agora dominava o tempo e o espaço. Viajando por reinos escondidos, onde poucos videntes se atrevem a ir, entre demônios e anjos, dragões e deuses, querendo apreender tudo aquilo que eles sabem.

Cada um deles tinha uma página no Livro da Vida, mas não obstante fiz uma grande descoberta: dentro do coração do homem, o Livro todo tinha sido escondido.

Todo o conhecimento cósmico está dentro do homem porém obscurecido por egocentrismo. Sendo o mais denso de todos os seres, o homem é o microcosmo da vida macro-cósmica.

É um grande deslumbre explorar e brincar nos reinos maravilhosos da luz. Mas, girando e girando como um peixe num aquário, encontra-se a vida contida no conhecido.

O tempo é um instrumento mais que uma realidade. Ajuda a sustentar a ilusão da forma. Na atemporalidade, a tirania que antes nos levava a crer que qualquer forma é sólida, desfaz-se.

Eu entretinha uma crônica da minha jornada,
sem tomar em conta que uns acreditariam
em mim e outros zombariam das minhas palavras. Como uma exploradora à deriva num
mar infinito, eu mapeava os reinos do além-
mente, na esperança de poder deixar as chaves
das portas que aprisionam a humanidade.

A glória da vida, revelada em suas partes,
parecia não obstante irreal. Vivemos num
mundo de espelhos, e eu sentia um desconten-
tamento crescente. Ao libertar-nos da mente
escapamos nossos confins e mais claramente
conseguimos ver. Mas por trás do espaço, do
tempo e da ilusão da forma, há mais coisas
irreais.

Procurei o fim da infinitude além de todos os
limites anteriores, nos reinos da eternidade
onde até mesmo a ilusão do momento deixa de
existir. Os campos do meu corpo sucumbiram
à pressão quando vi a repetição infinita dos
espelhos.

As rupturas causadas pela dor e pela angús-
tia do meu coração, trouxeram uma grande

benção. Quanto mais luz eu conseguia conter, mais claridade ganhava ao transfigurar para a imortalidade.

A mente silenciou-se totalmente, como um lago calmo que jaz ao luar. Falava e escrevia quase que involuntariamente, sem pensamentos a pertubar.

Os idiomas dos reinos, os segredos das partículas subatômicas da vida — tudo que eu precisava saber, apareceu. Já não era preciso buscar pelo cosmo.

Sentada diante da minha fogueira ou caminhando numa rua movimentada, os céus se abriam. Grandes maravilhas eu iria ver. As múltiplas camadas de espelhos que rodeiam o nosso cosmo não eram mais que camadas de uma membrana, como as que se encontram na pele.

Agrupamentos de cosmos tão vastos como o nosso se encontravam ao longo de um trajeto espiralado. Mais doze trajetos espiralados de cosmos eu achei. Eles formam um agrupamento, entre os tantos que se encaminham para a eternidade.

Não havia necessidade de viajar pelos reinos misteriosos. Nada me parecia fechado. Meu corpo transfigurava para a mestria imortal.

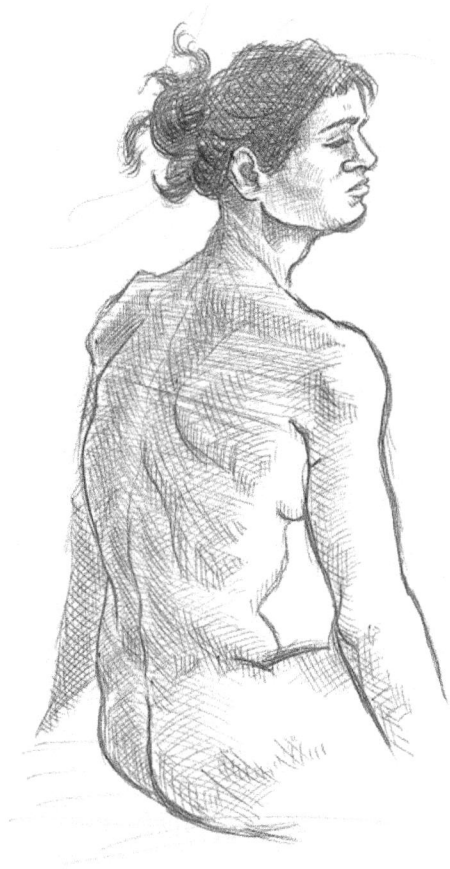

O momento é definido por aquilo que ele não é.
Tudo o que pode ser definido é irreal.

Enquanto eu observava e aprendia com aquilo que via, profundas foram as respostas que se me apresentaram. Vastas como as espirais que para a eternidade se expandem, elas eram apenas reflexões de um cordão de DNA.

Se alguém fosse colocado numa sala de espelhos, uma progressão infinita de imagens retrocederia em todas as direções. O menor movimento afeta tudo. Assim é com a vida. Todas as grandes mudanças da realidade revelada são apenas uma projeção pelas pequenas partículas subatômicas da vida.

Através do centro das partículas subatômicas da vida, brilham as imagens da imutabilidade desdobrada da Vida Única. Essa era a natureza do Sonho.

Através das partículas subatômicas da vida, o Infinito ilumina o desdobramento cósmico num palco sem fim.

Na imensidão eu perscrutei, mas eram elas imagens espelhadas. Como todas as imagens espelhadas, é o oposto e reverso daquilo que é que se transmite em reflexões sem fim.

Então, para dentro do centro das partículas subatômicas, através da menor janela para a Eternidade eu olhei. Foi assim revelada a minha tolice. Não existe vastidão nem pequenez, interior ou exterior, já que os opostos não podem existir separadamente.

No exterior reside o interior. Dentro do amanhecer vive o sonho. No desdobramento cósmico se encontra a imutabilidade infinita. Eu busquei a multidão dentro do Um, mas só encontrei a mim mesma.

Mas no espelho eu vi claramente as diversas formas de vida que dançavam sobre o palco da vida. Como não poderia haver outro? Para onde teria ido a sua beleza?

No fundo do meu coração sussurravam palavras: "A beleza que você viu era a sua. Jamais pode a imensidão do oceano ser dividida ou definida. So há Um Ser na existência, que se expressa formando de forma amorfa. O espelho que você imaginava, como um dedo apontado para o próprio sujeito lhe mostrava aquilo que você não é, para que você possa saber."

Então, irreal deveria ser a minha forma também, definida por aquilo que não é. O palco, no qual danço a dança da minha vida, formado pelas pequenas partículas, também é uma ilusão. Então, seria eu um osso oco que nunca realmente foi?

"Sem o osso oco, jamais pode criar a flauta. O sopro da vida Infinita faz, através da flauta, música extraordinária."

Então, desimpedida hei-de dançar. Nenhuma auto-reflexão procurarei. Pois espelhos nunca conseguiriam mostrar o propósito da Vida Única que espontaneamente se move através de mim. Nos confins da forma ilusória, gratidão sentirei, sabendo que serve o propósito da criatividade espontânea do Infinito.

A Vida é incompreensível. Não há nada a compreender e nenhum esforço é preciso quando somos uma expressão do Um. Porém, a criação é o Criador. No Um, não pode haver nenhuma relação. Abrangendo a contradição é viver uma vida em paz.

Os pergaminhos da Infinitude

Quanto busquei, quão alto voei, para final-
mente a paz da entrega conhecer? Através da
Vida Única criada essa casa cósmica onde sou
todas as coisas, porém eternamente só.

Mas com as asas havemos-de ter raízes com
as quais podemos desfrutar as coisas da Terra.
As bibliotecas sagradas com as prendas mais
profundas podem ser encontradas em muitas
terras por aqueles que conseguem enxergar.
Ouça agora esta sabedoria, preservada há
muito. Enterradas estão, debaixo das areias da
Terra.

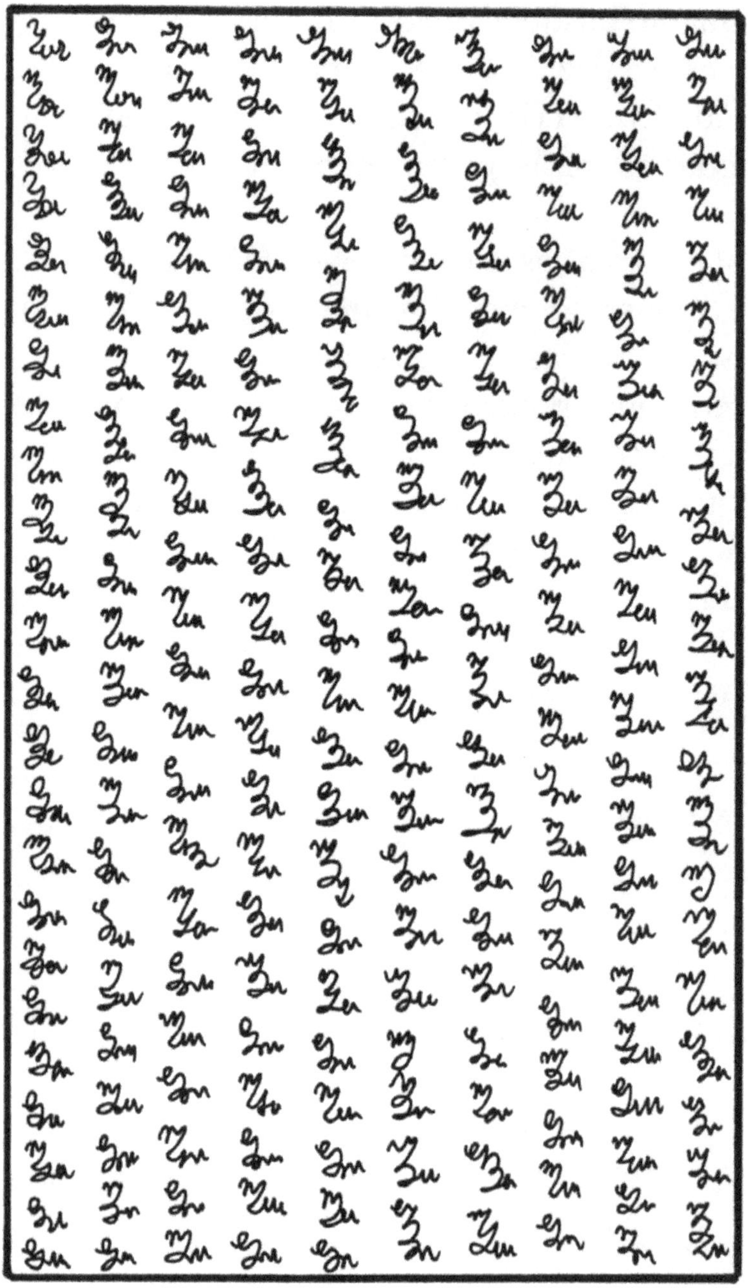

O pergaminho da Infinitude 1

O que é a imortalidade se não o prolongamento de um sonho há muito esquecido? A busca da permanência é tolice da mente, que se agarra à estrutura, recusando deixar o passado para trás.

Quando o silêncio e o movimento se unificam interiormente, a imortalidade pode ser sustentada indefinidamente. Porém, permanecer o que se é sem fluir, é uma impossibilidade no âmbito da Vida Única.

Não se entregue à morte, pelo contrário amestre a vida e mude a sua própria forma como o fazem as nuvens no céu. Como a dança da chuva ou a correnteza do rio, deixe que a dança da vida desabroche em você mesmo.

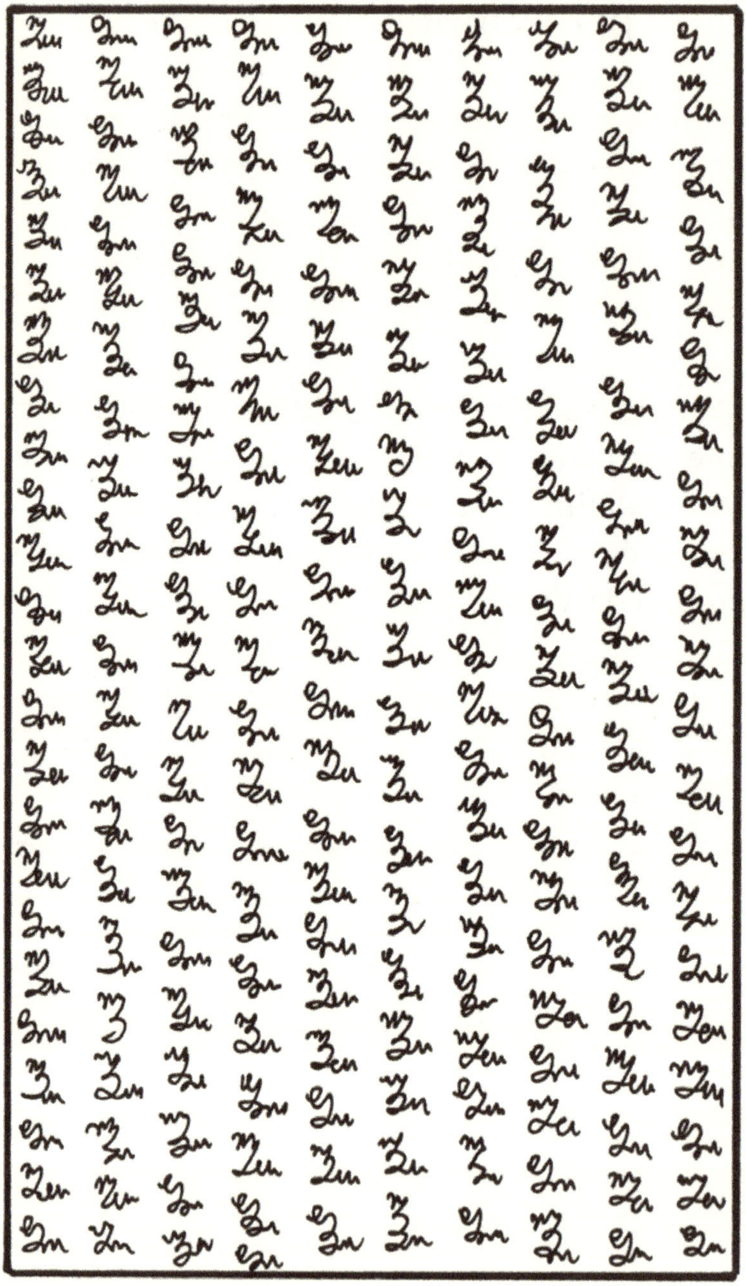

O pergaminho da Infinitude 2

Não deixe que o corpo tome comando, mas controle as suas necessidades. O corpo é um instrumento, um campo efêmero flutuando no espaço incomensurável da Infinitude. Tudo o que vemos ao nosso redor é apenas possibilidade até que lhe afirmemos a existência.

O corpo nos engana a pensar que compreendemos. Ele cria a ilusão de um ponto de referência dentro do fluxo eterno. Assim como os pés do dançarino, ele tem de obedecer. Em união extática com o Infinito, a dança do dançarino não lhe pertence. Nem sucesso nem fracasso ele pode assumir, apenas a unidade com o Infinito.

O pergaminho da Infinitude 3

Aquele que pensa que sabe, está preso à crisálida do conhecido. Aquele que vive dentro do incompreensível voa livremente como a borboleta.

A ilusão do conhecido nos mantém numa perspectiva terrestre como a lagarta rastejando sobre a folha, inconsciente de que acima dela a borboleta dança com o vento. Para tal pessoa, as possibilidades da vida passam despercebidas.

Nenhuma matriz, programa ou resultado estruturado existe de antemão. São criações ilusórias do Grande Enganador — a mente racional; enganada pelos sentidos e seduzida a pensar que a vida é previsível. Pode ser que a vida pareça definível, mas na realidade a sua expressão se desdobra de maneira sempre inédita.

O pergaminho da Infinitude 4

Ao inventar sistemas de crenças, criamos uma rede de sub-criações. Os fios das nossas crenças decorrem da nossa tentativa de controlar a vida e definir a realidade.

A criação é uma ilusão — uma mera imaginação. Quando acreditamos que ela é real, a trama da vida manifesta uma realidade ilusória. Nada de novo no palco da vida pode ser criado, pois o invariável e o variável residem em união na Vida Infinita.

As ilusões, tal qual sombras na parede, são invocadas pelo facto de não percebermos que não precisamos criar a vida, mas apenas participar nas suas intermináveis surpresas.

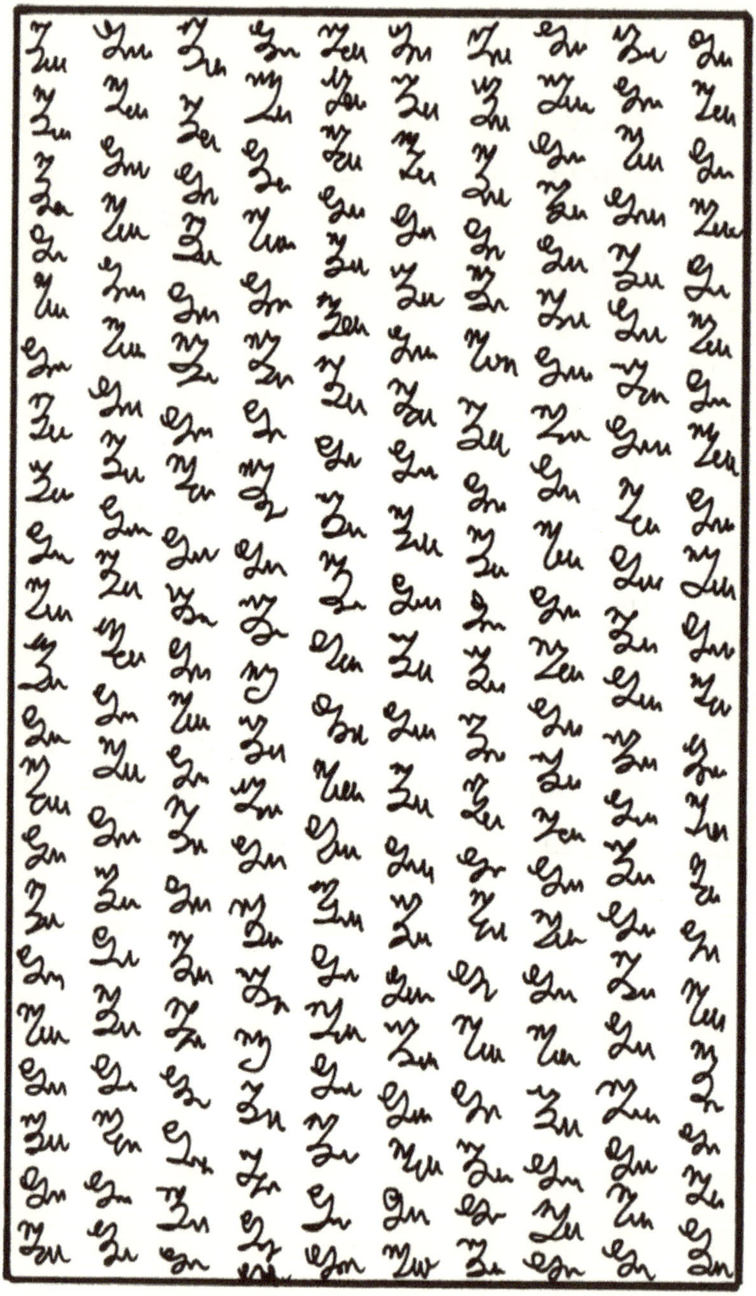

Pergaminho da Infinitude 5

Presume-se que todas as coisas têm um início.
O que se baseia em ilusões duais é que um
ponto de origem teria precedido a criação: pois
nada foi criado e nada foi iniciado. Residimos
eternamente como expressão do Um.

Não procure a origem da vida. Não sucum-
ba à dependência do saber. Pois a mente se
fixa na certeza e se opõe ao fluxo imóvel e
incompreensível.

Não há linearidade, nem causa e efeito quando
existimos no tempo infinito como o Ser Eterno
Único.

Abrangendo o amórfico

E muitos, recém-despertados na alvorada, que do sonho desejavam se libertar, juntaram-se para perguntar o que seus corações já sabiam — de que maneira a vida podia ser mais do que aparentava...

Por que então, havendo mais de uma manifestação, tudo deve existir como um Único Ser?

Quando se desperta do sonho da vida, uma forma amorfa no mar infinito da vida, novos instrumentos são necessários no espaço in-comensurável; para se dançar com o Infinito num abranger paradoxal. Deixe a percepção multi-sensorial ocupar o lugar dos cinco senti-dos. Quando a necessidade do saber desapare-ce, sobrevém uma compreensão desesforçada.

O sopro do vento então você provará. O som da música verá. Os sentimentos no coração do seu próximo como uma brisa musical ouvirá.

Mas por que os nossos olhos vêem espacialmente e a
nossa visão divide e ilude?

O engano da visão é causada pelo engano em
que se acredita. Cremos que a forma é estática,
que é a realidade que vemos.

Então, como podemos nos livrar definitivamente de
tal engano?

Livrando-nos das algemas que nos mantêm
pensando que sabemos; vivendo como uma
criança, explorando o desconhecido.

E fale-nos do verbo... pois aquilo que é dito e afir-mado é aquilo que vem a se realizar.

Ao receber uma comunicação, não ouça com os ouvidos. Deixe que quem ouça, sejam o coração e todos os sentidos por trás da comunicação. A assimilação não pode existir quando a mente está cheia de pensamentos. Quando os pensamentos se acalmam, encontrará a verdadeira intenção por trás da linguagem.

A linguagem constitui um instrumento obsoleto para apreender a realidade?

Seria como capturar uma estrela cadente — ou tentar alcançar a eternidade.

Se não nos providencia nada, por que então não contemos o falar?

A única linguagem que se ouve é a canção eterna do Infinito. Onde só Um Ser reside na realidade, a comunicação não se justifica. A comunicação faz parte da grande conspiração da vida. Para poder dançar, ela finge dualidade.

Quando filtra as palavras dos outros a linguagem é amiga ou inimiga?

Participe do jogo que a vida estrutura, mas lembre-se que nada pode ser ouvido...

Que sentido faz jogar a minha parte quando só é a verdade que busco?

Não busque naquilo em que você reside. A verdade é o Ser do Infinito. O papel que você desempenha serve para livrá-lo das aparências. Sem a pretensão não existiria a dança das formas individualizadas. Do fingir que há relacionamento, a expressão diversificada é criada.

———————————

Fale-nos dos ciclos de vida, daquilo que antecedeu...

Fases imaginadas de um Sonho, nada mais.

Ainda vivemos em ciclos que se repetem infinitamente? Apenas maiores dos que aqueles vistos anteriormente?

Os ciclos vêm do tempo linear, que em círculos gira. Onde quer que se encontre, a mudança cíclica existe.

É necessário mudar enquanto residirmos na constância inconstante? Qual é a nossa responsabilidade? Por favor, dê-nos essas respostas.

Não é necessária qualquer responsabilidade da sua parte quando o desabrochar Infinito floresce pelo seu coração.

Mas certamente, enquanto resido na Unidade e permaneço em entrega silenciosa, ajudo a desfazer em todos o domínio da ilusão?

Só há perfeição; até mesmo a ilusão desempenha o seu papel. Não há nada a melhorar. Basta viver autenticamente do coração.

———————————

Por que é que a perfeição não é mais evidente e o caos parece reinar? E por que há manifesta falta e escassez e muitos ainda a sofrer?

De um ponto de vista limitado, a ordem superior não e visível. Parece caos criado a esmo. O sofrer vem do impossível que tentamos fazer; opômo-nos à dança do Infinito. A nossa resistência gera dor.

———————————

Que mensagem nos passaria antes da sua partida iminente?

Não é possível separar-se daquilo que se é.
Nós somos Um e o mesmo...

A sabedoria da vidente

Quando as direções voltam para o coração e a linearidade deixa de ser, tornamo-nos a porta do todo.

A coragem só é necessária para sobrepujar as objeções da mente. Quando a mente se aquieta, o acto devido vem por si próprio.

A terra é o meu berço e o céu o meu cobertor.
Onde quer que eu vá, estou em casa.

A mente cria espelhos para em seguida lutar
contra eles. Quando aguardo em silêncio, toda
a vida se me revela.

A vida se altera, porém não muda. No seu desabrochar, uma forma cede lugar a outra. Embora pareça destrutiva, há só perfeição espontânea.

Solidificamos aquilo que observamos. O que experimentamos se desdobra em possibilidades infinitas.

O real é incorruptível e imutável. Através da
falsidade da forma, o real brilha e a Vida Única resplandece.

Quando o acto não tem agenda, o acto de fazer
e o de ser tornam-se um. Um descanso repou-
sante dorme no meu trabalho. O trabalho não
é mais trabalho.

A beleza só pode ser vista quando a mente está quieta e o coração está aberto. O que é beleza, senão o vislumbre momentâneo da Eternidade?

Onde quer que haja divisão, há ilusão. Sempre que qualquer coisa possa ser definida, é irreal.

Sabendo que a vida é um sonho, podemos tornar-nos sonhadores lúcidos, mestres do universo do sonho. A realidade passa a fluir em vez de permanecer estática e assim engendra uma vida de milagres.

Vivendo atemporalmente não significa que não damos atenção àquilo com que deparamos, mas que aquilo é tudo que há.

O iniciado sabe que pode mudar o ambiente mudando a si mesmo. O mestre não vive nenhuma diferença, mas percebe o mundo que o rodeia como a si próprio.

Se o ser humano precisa de leis externas para governar o seu interior, prova que ele é efeito de circunstâncias em vez de expressão da Vida Única.

A comunidade pode ser uma bênção ou uma corrente que aprisiona. Deve ser apenas um instrumento para servir os indivíduos que a integram, e não um tirano que exige que usem a máscara da conformidade.

O corpo é um campo prescindível que pode ser substituído por um outro. É apenas um servidor. A parte real em nós é o mestre.

O mundo à nossa volta pode servir de reflexão daquilo que somos porque é nos. É peculiar da nossa visão que o enxerguemos como algo distinto.

Auto-confiança se fundamenta na identificação do eu pequeno com o ego. Fé em nós provém do sabermos da nossa infalibilidade como a Vida Única.

Piedade decorre de culpa. Culpa procede de julgamento e o julgamento procede da incapacidade de compreender que tudo que existe serve um propósito, ou não existiria.

Quando olhamos para trás, o passado passa a ter vida no presente. Quando olhamos para a frente, criamos um futuro com apenas as possibilidades do momento e sem a contribuição dos momentos que ainda estão por vir.

Para viver além dos limites da mortalidade, devemos fluir do âmago do nosso ser e como uma presença tão ampla quanto o cosmo, ainda que tendo uma experiência humana.

Para que o Um possa existir, todos os seres devem ser andróginos, masculinidade e femininidade mesclados numa perfeita união harmoniosa.

Qualquer comportamento programado há-de se dissolver na expressão fluida do Infinito através de nós. Isso inclui expectativas que condicionem expressões de masculinidade ou feminilidade.

O abranger todas as possibilidades se cristaliza quando todas as expectativas e definições se dissolvem.

Somos condutos do fluxo de recursos Infinitos,
e assim sendo devemos identificar-nos como
guardiões mais que proprietários.

Na união com a Vida Única, desfazemo-nos
da ilusão ao nosso redor, sempre existindo em
espaço sagrado.

O que é o Sonho da vida senão notas ainda não cantadas que jazem como potencial na música?

Valorize o papel da ilusão porque aquilo que não se percebe pelas dádivas que proporciona, deturpa-se na sua expressão.

A individuação provém das sombras que emanam daquilo que é iluminado pela Vida Única.

Curar a dualidade não significa concluir a canção emitindo todas as notas de uma vez, mas fazer com que cada nota tocada reflita o todo inerente nela.

Mesmo que se extinga a forma ilusória, enquanto soubermos indubitavelmente que aquilo que somos não é corruptível, uma nova formar-se-á imediatamente no seu lugar.

Ninguém pode ser verdadeiramente livre enquanto usar a máscara da identidade. Pelo contrário, torna-se uma marionete nas mãos dos outros.

Tal como a teia de aranha captura a lagarta, assim também os programas capturam a alma humana. Livre-se deles vigorosamente.

A canção da vida torna-se discordante quando enfocamos a ilusão, as notas da vida ainda não cantadas. Nosso enfoque fazem-nas degenerar de som em potencial para tons realmente desarmônicos.

Quando vivemos da plenitude da Presença Infinita, apenas permanece a ilusão que sustenta a dança. Aquilo que obstrui a graça da bailarina se dissolve.

A beleza vista com os olhos é a beleza ilusória da forma, que tal qual o pote de barro, encanta hoje e se fragmenta amanhã.

Quando a mudança é linear, somos levados a deixar a pureza inocente da atemporalidade, a medida que almejamos o potencial do futuro. Quando a mudança é exponencial o potencial do futuro é imediato.

Quando a beleza é apreendida com o coração, conectamos a nossa parte real com a parte real da vida. Entramos na Vida Única.

Os pensamentos mantêm o passado preso, assim como calcificações que coíbem o presente. Só se dissolvem quando substituímos o pensamento por saber espontâneo.

A forma e o tempo estão ligados como duas asas no pássaro imaginário da progressão linear. Quando vivemos no atemporal, desapegamo-nos da forma.

Recursos abundantes tornam-se nossos quando deixamos o movimento da vida, que é o
tempo. Quando adentramos o ponto imóvel,
tudo vem a nós.

Arrependimentos sobrevêm quando acreditamos que tivemos sucessos e fracassos. Como
parte do Infinito, a vida simplesmente fluiu
através de nós.

Nosso eu menor não tem livre arbítrio. A vida inteira é dirigida pela Vida Única. A única maneira de se emancipar é fundir-se à Vida Única.

As causas inerentes ao Sonho não criam efeitos. A Vida Única sim. Quando deixamos de querer influir na vida, milagres fluem através de nós.

Acreditamos que podemos mudar independentemente do universo que nos rodeia. Mas somos todas as coisas. Quando nós mudamos, tudo muda.

Densidade não existe. Uma parte do oceano não pode ser mais densa que uma outra diante da indivisibilidade da vida.

Paz no mundo procede da paz interior. A paz
interior se fundamenta no casamento interior entre masculino e feminino numa união
perfeita.

Quando tentamos arrumar a vida, resistimo-
la, o que nos leva a julgar e separar. Inclinar-se
e admitir inteireza enaltece.

A deterioração só existe quando há oposição à vida. A natureza verdadeira da vida é
incorruptível.

Não pode haver ordem quando esta é definida
como estrutura. É apenas um instrumento de
controle criado pela mente.

Não pode haver aquilo que se denota caos.
Não existe nenhuma falha no Ser Infinito.
Caos é apenas a maneira de descrever aquilo
que desafia a nossa compreensão.

Onissapiência não se alcança pela mente, mas
surge como a expressão espontânea e desesforçada do coração.

Em momento algum a vida exige que a apreendamos. A Vida Única é onisciente, mas a partir da nossa perspectiva limitada isso é incompreensível.

Qualquer relacionamento é uma ilusão no âmbito do Ser Infinito, até mesmo o relacionamento intrínseco entre observador e observado.

Ao criar um auto-relacionamento, a auto-reflexão impede a pureza do viver espontâneo.

A onissapiência e habilidade do Infinito estão à nossa disponibilidade. Pretender que a aprendizagem seja indispensável para realizar excelência é ilusório.

A vida ao nosso redor se funda em campos
entremeados de possibilidades que vêm à tona
somente quando o canto da nossa vida os esti-
mula a se manifestar.

Desdobramento parece se refletir em movimento, mas isso é apenas um truque ilusório
dos sentidos. Não há movimento porque não
há espaço ou direção no Ser Único.

Todos os níveis de consciência contribuem de forma igual ao Um. A mesma perfeição flui tanto do sábio como do tolo.

O fluxo da vida não é movimento. É uma ilusão devida à acentuação sucessiva dos campos infinitos, como as notas tocadas num piano.

Muitos valorizam a sabedoria e procuram-na
acima de tudo. Mas o que é sabedoria senão
a percepção estática do desenrolar da vida
passada?

Não pode haver nenhuma hierarquia do conhecimento quando este é definido como o saber desesforçado do momento — um presente
disponível para todos.

A beleza que reflete a expressão desinibida do Infinito não se pode alterar nem murchar.

Não pode haver qualquer hierarquia de beleza quando cada forma individualizada da vida expressa uma faceta única do desabrochar da vida. O lírio não pode ser mais belo que a rosa.

Beleza como expressão verdadeira da Vida
Infinita deve se renovar na atemporalidade.
O cosmo não sustenta o estático.

Quando pessoas amadas sucumbem à morte,
é possível que não sejamos capazes de comu-
nicar entre reinos, mas podemos sim dentro
da Unidade do nosso Ser. A morte não pode
separar a isso.

Quando reconhecemos a unidade do ser humano, todas as perspectivas diversas das tribos da humanidade se tornam nossas, e assim enriquecemos por dentro.

Pensamos que carregamos o peso dos tempos, mas para o Infinito apenas um momento passou.

A chave para se sair da roda em movimento do tempo linear para entrar na quietude do Infinito, está em libertar-se do conceito de relacionamento, e compreender que só existe um ser.

As camadas da ilusão não se sobrepujarão até que o valor delas seja apreendido. Aceitação é o começo da mudança.

A separação traz conforto às partes da Criação
que se desenvolvem em velocidades diferen-
tes. Reconheça isso, e a separação render-se-á
à Unidade.

A evolução do cosmo da lagarta até à borboleta pode parecer catastrófica, mas a perfeição
das mudanças só pode ser apreendida a partir
da visão Infinita.

O Sonho refinou o cosmo na sua fase de incubação. Os instrumentos do Sonho foram o espaço e o tempo. Podem agora ser libertados com gratidão.

Não há nenhum ponto de origem ou de chegada. Não é necessário apressar-se ou lutar quando a vida é vista dessa perspectiva eterna.

A aprovação alheia não pode ser válida, pois outros não podem compreender as perspectivas únicas e as contribuições das nossas vidas.

A auto-aprovação não é necessária, pois fomos criados para a alegria. Não há nada a realizar além do aprazimento profundo pela vida.

A oposição deve ser reconhecida com gratidão como o instrumento da individuação. Foi isso que permitiu a dança alegre do relacionamento.

Na vida nada nunca esteve fora de controle. Assim somente parece do nosso ponto de vista limitado.

A verdade é tudo o que existe e é o fundamento da vida. A ilusão é o instrumento temporário da verdade.

As hierarquias na vida separam a menos que compreendamos que somos tanto os pontos altos como os pontos baixos da vida; as notas altas como as notas baixas da sinfonia.

Muitas vezes sentimo-nos responsáveis por manter a harmonia no mundo que nos rodeia. A partir da perspectiva maior só há harmonia, portanto nada a manter.

Contemple a perfeição da vida e ela vai se revelar em sincronicidades infinitas.

As sombras em nossas vidas são apenas os truques a que nos sujeitamos para expressar potencial previamente não efetivado.

Não importando se lutamos para despertar ou se permitimos que o despertar sobrevenha sem esforço, qualquer compreensão surge no momento preciso intencionado pela Vida Única.

Através de nós a Vida Única se expressa im-
pecavelmente e independentemente de nós.
O violino mais delicado e a bateria mais tro-
vejante assumem a mesma importância na
sinfonia.

A vida é uma peça perfeitamente dirigida e
cada ser desempenha o seu papel. Mesmo que
haja aparente apatia por parte de uma figura,
isso faz parte do manuscrito.

A vida gira em torno de um único ponto. Cada um de nós é um eixo e cada uma das nossas ações impacta em tudo a cada momento.

Dimensões físicas não significam nada para o Infinito que reside no espaço sem fim. Uma vez que vemos o mundo como grande e nós como pequenos, pensamos que o mundo pode ter impacto em nós. Na nossa realidade, já que somos portões da Vida Única, somos a causa e não o efeito.

A aparente felicidade de alguns que vivem na roda da vida é uma ilusão. A felicidade não consiste em satisfazer os nossos desejos, mas almejar satisfação sem ter desejos.

Hesitamos em agir a não ser que possamos garantir um resultado benéfico. Todos os resultados são benéficos no âmbito da benevolência do Infinito.

Deixemos a vida desabrochar em nós espontaneamente e sinceramente, fundados na certeza de que a vida é benevolente para todas as individuações.

Entregar-nos à solidão e achar que não há outro ser além de Nós, transiciona-nos para a plenitude de sabermos que Nós somos todas as coisas.

Todas as zonas de conforto se constituem do familiar e do conhecido, quer seja na identificação do ego quer seja na mestria da expansão. A vida deve se fundir ao desconhecido para se fundir com o Infinito.

O crescimento não é necessário, assim como não pode haver estagnação. A estagnação deve ceder ao arroubo exuberante da Vida Única.

É no âmbito da descoberta inocente da vida que nasce o mestre. Que o nosso mantra seja, **não sei nada. Eu experiencio tudo na eternidade do meu ser**.

A tendência para etiquetar as partes da vida, a fim de apaziguar a razão e sustentar a ilusão de previsibilidade, escraviza-nos à forma. Para contornar isso, experienciamos a vida com plena atenção voltada para o agora.

Quanto mais enfocamos uma coisa em detrimento de outras, mais limitada se torna a vida. Dar enfoque a qualquer parte da vida é tentar conter uma fonte jorrando, dentro de um balde.

Somos como portas para a compaixão Infinita. Amar outros antes de amar a si próprio não é possível, porque o amor-próprio é que abre a porta do coração.

Salvo a Compaixão Divina, todos os tipos de amor são sub-criações do homem. O amor humano prende, a Compaixão Divina libera o potencial.

Quando não vivemos reconhecendo a interdependência da vida, a fragmentação do eu engendra a loucura egocêntrica.

Convicção não se pode equacionar com exati-
dão. Ainda assim, muitos seguimos cegamente
porque somos levados a pensar que podemos
compreender, quando a vida essencialmente é
incompreensível.

Genialidade não tem intelecto. Está presente
no mestre de mente vazia, que sabe sem se
esforçar.

O medo de errar, acoplado à realização de que a vida é incompreensível, faz com que o homem se agarre aos fragmentos da verdade de ontem. É na fé em nós como Ser Infinito que libertamos o obsoleto.

Achamos que procrastinamos, mas o cosmo se desenrola imaculadamente. Somos sempre pontuais.

A temporização da dança da vida é orquestrada por algo que parece atraso. Mas, perfeita é a temporização dos passos da dança.

O temor profundamente enraizado que o Infinito possa se comportar destrutivamente decorre de percebermos a destruição do velho como algo cataclísmico. Vista em perspectiva grande e eterna, a vida se desdobra graciosamente.

O oceano de consciência que cada um de nós representa, não lamenta as perdas nem se alegra com as conquistas. Na sua plenitude o oceano flui como marés da expressão infinita de si mesmo.

Tal qual uma criança desobediente à orientação da Vida Única. Olhe com humor benigno as palhaçadas da mente, mas, tal qual o pai experiente, não se entregue a elas.

No jogo da vida, aqueles que são os carregadores da luz planetária também desempenham o papel de eixos arquetípicos. Este conhecimento subliminar pode incitá-los a salvar o mundo, mas a vida flui através deles sem esforço.

Já que a vida flui através de nós, não temos livre arbítrio e, portanto, nenhuma responsabilidade. O conceito de liberdade é como a mão dizendo para o corpo: "Eu quero ser livre".

A tribo é um dos mecanismos da vida que tenta amarrar na conformidade, mantendo os indivíduos na mediocridade. Aqueles que desejam viver na excelência devem se livrar da tribo.

A sabedoria de ontem concluiu o sonho de ontem. Pouco serve para concluir o sonho de hoje.

Se for alimentar o tigre, ele vai devorar a sua mão. Não se pode justificar moralmente o intento de apaziguar e de se entregar ao irreal, pois este é disfuncional.

O desdobramento existente da vida não é perceptível, pois a vida no seu todo se move e se altera de uma vez. Isso não cria nenhum ponto de referência que permita avaliar mudanças. A vida é inteiramente nova a cada momento.

No caminho da busca do eu, alguns procuram este em outros. O sábio o procura na metafísica do cosmo. Ambos são igualmente válidos em revelar o mistério sem fim.

O conhecimento de si precede o amor próprio. Mas o único autoconhecimento que podemos alcançar é, que somos um instrumento infalível e puro da Vida Única.

Quanto mais almejamos a iluminação, mais forte é a força que nos puxa para baixo. A levitação deve equilibrar-se com a gravitação. Só na mudança imutável é que não há polaridade.

Para manter o desenrolar da Vida Única, os nossos esforços para trazer iluminação à vida aumentam a ilusão da existência de seres de sombra. Desta maneira, a sinfonia cósmica está sempre em harmonia.

"Não há seres de sombra" diz o mestre do conhecido flutuando no seu aquário irreal de vida. "Há seres irreais de sombra", diz o mestre do desconhecido enquanto ele os cria acessando o potencial inexplorado que eles representam.

A Criação é um sonho, pois na Vida Única a individuação nunca pode ser. Em cooperação plena com o Infinito, torna-se um sonho agradável.

Programas de vida estruturados, tal como o condicionamento social, agem como um vírus na vida, engendrando uma realidade dissonante. Observe as origens de suas ações, para que não procedam da programação.

Enquanto existir qualquer programação em nossas vidas, os nossos sentimentos não serão fontes confiáveis para a canalização do desdobramento do Infinito através de nós.

Não há destino nem sina. Nenhuma missão divina à espera que a devamos cumprir. É a tirania da razão que exige que justifiquemos a nossa existência, além da alegria de viver.

Muitos acreditam que há momentos-chave que devemos aproveitar, a fim de maximizar as oportunidades da vida. Uma vez que a vida é imprevisível, estes momentos só podem ser vistos retrospectivamente e são as mudanças inevitáveis no ritmo do Infinito.

Etiquetas não são nada mais do que valores alheios censurando as nossas ações. Que seja uma decisão consciente a de emancipar-se da preocupação com o julgamento e a opinião alheios.

O falar sem autenticidade consolida o masculino; aspectos separadores da vida. Falar do coração promove a inclusão.

Muitos tentam persuadir a outros ativando os tons subliminares da voz por convicção. Para impedir que se torne vítima disso, ouça com desapego.

A linguagem de quem comunica factos está morta. As palavras de quem fala do coração são vivas. Isso porque contêm todo o espectro de tons.

Fale apenas quando o coração lhe incita a fazê-lo. Só então as suas palavras serão de natureza andrógina. Assim você falará o idioma da Vida Infinita.

Que a sua fala seja uma causa em vez do efeito da fala do outro. A mestria o leva a responder, enquanto a tolice o leva a reagir.

Não se defenda. Que necessidade tem aquele que reside na inocência do Infinito de provar que é assim? Não existe nada senão inocência.

Quem fala não pode escutar. A vida sussurra os seus mistérios no ouvido de quem escuta em silêncio.

Há aqueles que falam em círculos e os que falam em linha reta. Ouça o significado por trás do círculo e sinta o significado por trás do óbvio da linha reta.

Muitos programas desenhados pela mente, como a religião, reduziram o valor do corpo. São instrumentos para controlar a maravilha indescritível do corpo.

O corpo em seu verdadeiro estado não está sujeito à morte. Somente pode morrer quando a sua luz não vem acompanhada de luminosidade. A luminosidade se expressa pelo viver de forma autêntica.

A reencarnação tem lugar porque evitamos e rejeitamos partes da vida. Oscilamos então por gerações e vidas entre o que rejeitamos e o que abarcamos.

Quando vivemos uma vida programada, como a lagarta numa teia de aranha, não sabemos quando mais um fio de programação subliminar irá nos capturar. Liberdade do condicionamento há-de revelar a intrusão de pensamentos alheios.

Que ações corretas não sejam motivo de arrependimento. Qualquer ação que decorre de viver autenticamente beneficia a todos os envolvidos, quer seja evidente quer não.

Quanto mais enxergarmos a divindade nos outros e reconhecermos a unidade, mais se tornarão nossos os seus dons únicos.

A medida que a vida se movimenta através de nós, a sua dança pode ser executada com prazer ou com resistência. Prazer advém de um sentido de aventura e a satisfação que decorre da entrega.

Não existe história. Nenhum futuro está à espera. Apenas o momento que se estende para a eternidade.

A solidão é o início da grandeza. É o lugar onde nos deparamos com o Um Infinito.

De lealdade nasce a cegueira. Enxergue os próximos ao seu redor de uma maneira nova a cada dia, evitando assim de os manter presos, sempre que condescender à sua tolice.

Tudo o que antecedeu o levou à perfeição do momento; o início da atemporalidade e o berço da Vida Eterna.

Encerramento

Abençoe as cadeias que o têm mantido amarrado, tal como a lagarta, que em gratidão se refugia no abrigo da sua crisálida. Incubados repousávamos, esperando a nossa entrada para a presença majestosa do Infinito.

Assim como a borboleta que alça vôo sobre ventos e espalha as suas asas pelos raios de sol, não se lembre do seu confinamento com arrependimento. Foi o ventre que levou ao seu nascimento para a incorruptibilidade.

Você não mais verá o seu reflexo sobre as paredes do seu confinamento, nem observará a imagem distorcida da sua antiga identidade. Pois aquilo que se tornou não pode ser definido pelo ponto de referência limitado da sua existência terrestre. Você já não dormirá dentro do casulo de sonhos semi-esquecidos. Agora já se amalgamou com a dança da grama que se entrega ao vento. Agora você já é a criança e os pais da Vida Única.